Indice

Io non ho paura

Il ladro di bambini

Premessa

Cinema Italia è una Collana presentata in fascicoli suddivisi in tre livelli: elementare (A2), intermedio (B1-B2) ed avanzato (C1-C2). Tale Collana ha come scopo lo sviluppo e l'arricchimento delle competenze linguistiche e lessicali dello studente di italiano LS/L2 attraverso l'analisi dettagliata di film del nostro grande repertorio classico e contemporaneo. Ogni fascicolo tratta in modo esauriente due film scelti in base al tema o al regista.

Le unità, scandite in tre momenti (prima, durante e dopo la visione del film), comprendono una biografia completa e aggiornata del regista, attività di grammatica, sul lessico, ma anche di carattere socio-culturale. Queste attività coinvolgono le quattro abilità linguistiche e prevedono, in genere, la visione di tutto il film. In realtà, si possono usare formule diverse: per esempio, si potrebbe creare un Cinema Club, dopo l'orario scolastico, in cui viene proiettato tutto il film per poi far lavorare gli studenti in gruppi di due o di quattro. Oppure, all'interno del programma scolastico si potrebbero dedicare delle lezioni (per esempio, una alla settimana) esclusivamente al cinema, in cui si presenta un film nell'arco di un mese (per esempio, 4 lezioni di 45 minuti). Le tre sezioni dell'unità presentano attività diverse:

Prima della visione del film. Si tratta di attività che vanno svolte prima di vedere il film, si basano sulle conoscenze pregresse, rappresentano una fase di *warming-up*, cioè di preparazione dello studente alla visione, e hanno il compito di stimolare la curiosità e creare la motivazione necessaria. In questa fase preliminare si consiglia di consultare le attività da fare durante la visione, perché questo momento di *scanning* ha due vantaggi: permette allo studente di anticipare alcuni punti trattati nel film, facilitandone la comprensione, e di prepararsi anche alle attività da fare durante la visione.

Durante la visione del film. Gli studenti devono essere incoraggiati a prendere appunti, senza il timore di sbagliare. Potranno rivederli e correggerli una volta terminata la visione del film, dopo la quale è necessario un momento di verifica e di confronto. Infatti, si possono formare gruppi di due o quattro studenti e verificare la comprensione, favorire lo scambio di idee e/o aggiungere informazioni che non si erano colte durante la visione e che sono richieste dalle attività. L'insegnante o lo studente, al termine della visione, può ritornare su scene o sequenze particolari come meglio crede per poter rispondere alle domande in modo completo ed esauriente. La visione del film con o senza sottotitoli è a discrezione dell'utente, in base alle proprie conoscenze di base.

Dopo la visione del film. È la fase di approfondimento, quindi ci saranno attività di analisi più attenta e profonda, basata sulla visione dell'intero film. Si prevedono più attività di scrittura e di riflessione.

Allo scopo di approfondire ed ampliare le tematiche presenti nei film proposti, sono stati forniti dei suggerimenti per ulteriori percorsi didattici.
Le chiavi alle attività proposte offrono spesso esaurienti commenti ai film, rendendone facile la consultazione e l'uso ad insegnanti e studenti che possono usare la Collana anche in autoapprendimento.

L'utilizzo del fascicolo, come abbiamo visto, è abbastanza flessibile: può essere usato in un Cinema Club, durante le lezioni a scuola, in corsi serali per adulti o anche a casa, durante il tempo libero. L'insegnante o lo studente può dividere le attività didattiche e la visione del film in base alle proprie ore a disposizione. Il fascicolo può essere usato anche come metodo di verifica delle proprie competenze linguistiche sia in classe che individualmente. Per svolgere tutte le attività, compresa la visione del film, sono richieste da un minimo di quattro a un massimo di cinque ore.
I film proposti nella collana si possono trovare facilmente in commercio o possono esser acquistati on line: www.amazon.com, www.ebay.it, www.dvdland.it.

Con questo primo fascicolo, di livello intermedio-avanzato (B2-C1), si presenta "Il mondo visto attraverso gli occhi dei bambini" grazie a due film di successo di due grandi registi: Gabriele Salvatores con *Io non ho paura* (si analizza sia il film che il libro) e Gianni Amelio con *Il ladro di bambini*.

Le Autrici

Scheda del film

tratto dal libro omonimo di Niccolò Ammaniti

Titolo:	Io non ho paura
Anno di produzione:	2003
Regia:	Gabriele Salvatores
Interpreti principali:	Diego Abbatantuono (Sergio) Aitana Sanchez Gijón (Anna) Dino Abbrescia (Pino) e per la prima volta sullo schermo: Giuseppe Cristiano (Michele) Mattia Di Pierro (Filippo)
Sceneggiatura:	Gabriele Salvatores, Niccolò Ammaniti, Francesca Marciano
Musiche:	Ezio Bosso
Fotografia:	Italo Petriccione
Montaggio:	Massimo Fiocchi
Durata:	105 minuti circa
Genere:	Drammatico
Lingua:	Italiano standard, dialetto lucano

Prima della visione del film

1. Leggi le domande e discuti in gruppo.

1. Partendo dal titolo, secondo te, quale potrebbe essere la trama del film?
2. Osserva la locandina del film e cerca di dedurre di cosa si tratta.

2. Leggi le due biografie (dello scrittore e del regista) e rispondi alle domande.

Biografia e bibliografia di Niccolò Ammaniti

Niccolò Ammaniti è nato a Roma nel 1966. Ha cominciato la sua carriera di scrittore nel 1994 con la pubblicazione del romanzo *Branchie*, ispirato probabilmente dalla prima stesura della sua tesi di laurea in biologia. Laurea che poi lo scrittore non ha mai portato a termine. Nel 1995 ha pubblicato il saggio, scritto con suo padre, *Nel nome del figlio*, in cui tratta i problemi dell'adolescenza e che ha avuto un enorme successo. Nel 1996 esce la raccolta di racconti *Fango* che lo fa conoscere al grande pubblico. I suoi libri sono stati tradotti in molte altre lingue. Esce nel 1999 *Ti prendo e ti porto via* e nel 2001 pubblica per Einaudi *Io non ho paura*. Con quest'ultimo libro ha vinto il premio letterario Viareggio. Nel 2003, Niccolò dà una mano a Gabriele Salvatores scrivendo insieme a Francesca Marciano la sceneggiatura del film omonimo che si è candidato per l'Oscar, come miglior film straniero e ha vinto tre Nastri d'argento e un David di Donatello. Negli ultimi anni Niccoló Ammaniti, oltre a scrivere un altro libro *Come Dio Comanda*, ha seguito centinaia di iniziative: presentazioni di *Io non ho paura*, interviste radiofoniche e televisive, lezioni di scrittura presso le scuole.

(da www.italica.rai.it e www.niccoloammaniti.com)

1. Ammaniti non ha scritto solo romanzi. Cos'altro?
2. Da cosa è stato ispirato il primo libro *Branchie*?
3. I suoi romanzi sono conosciuti all'estero?
4. Ammaniti sembra impegnato in diverse cose. Quali?
5. Il libro *Io non ho paura* ha vinto un importante premio letterario. Quale?

Cenni biografici su Gabriele Salvatores

Gabriele Salvatores nasce a Napoli il 30 luglio 1950, ma si trasferisce, ancora adolescente, dalla città natale a Milano: qui, dopo essersi diplomato al liceo Beccaria, si iscrive all'Accademia del Piccolo Teatro. Nel 1972 è tra i fondatori del Teatro dell'Elfo. Comincia però ad occuparsi anche di cinema facendo diversi lavori. Il successo arriva con *Marrakech Express* (1989), in cui vengono messi a fuoco gli elementi base della sua poetica: l'amicizia virile, il tema del viaggio come fuga, la solidarietà generazionale. Con il film *Mediterraneo* (1991) Salvatores acquista fama internazionale e vince l'Oscar per il miglior film straniero.

Altri film come *Puerto Escondido* (1992) trattano ancora la tematica della fuga, mentre in *Sud* (1993) affronta senza troppa convinzione discorsi esplicitamente politici. Il tiro viene poi alzato con *Nirvana* (1996), racconto fantascientifico che cade un po' su una comicità da cabaret, e con *Denti* (2000), surreale adattamento del romanzo di Domenico Starnone. Due anni più tardi dirige *Amnesia* che lo riporta alle tematiche dei suoi primi film. Solo in *Io non ho paura* (2003) sembra aver trovato la giusta alchimia: mettendo in immagini il bel libro di Niccolò Ammaniti, firma infatti un atipico "giallo" che è pure efficace ritratto del meridione nostrano negli anni '70, attraverso una storia di bimbi raccontata con tenera crudeltà. Il film *Quo Vadis Baby?* (2005), tratto dal romanzo omonimo di una scrittrice italiana, ha per la prima volta come protagonista una donna.

(adattato da www.italica.rai.it)

1. Prima di diventare regista dove ha lavorato Salvatores?
2. Quali sono i temi principali dei suoi film?
3. I suoi film sono conosciuti all'estero? Quali?
4. *Io non ho paura* è diverso dagli altri film. Perché?
5. Qual è la novità nel film *Quo Vadis Baby*?

Durante la visione del film

1. Osserva le prime immagini nel buio totale, rispondi alle domande e preparati a discuterne dopo la visione.

a. Le prime immagini sono nel buio totale. Si sente solo il picchiettio delle gocce d'acqua che cadono sulla roccia. Si vede una scritta. Quale?

....

b. All'improvviso tutto cambia, si passa ad immagini di luce, potresti descrivere la scena?

....

....

c. Quali sono i primi personaggi che vediamo?

....

d. Quanti sono i bambini?

....

e. Perché corrono? E dove corrono?

....

f. Secondo te, quanti anni hanno?

....

g. Chi di loro è chiamato Teschio? E qual è il suo ruolo nel gruppo?

....

....

h. Sapresti scrivere nella tabella dell'attività successiva il cognome di ciascun bambino? Se puoi, aiutati con il libro da cui è tratto il film.

2. I personaggi

i bambini ... Completa con la descrizione dei bambini.	*e ... gli adulti* Ci sono diversi adulti. Sapresti descriverli?
Michele:	**Italo:**
Maria:	**Pino:**
Antonio:	**Anna:**
Salvatore:	**Felice:**
Barbara:	**Sergio:**
	Melichetti:

3. Michele

Michele è il personaggio principale: è sempre presente. Quasi ogni scena è filtrata attraverso i suoi occhi ...
Scegli gli aggettivi che ritieni adatti al personaggio:

sensibile vendicativo curioso coraggioso leale
bugiardo insicuro geloso altruista dispettoso
taciturno scaltro timido generoso invidioso
ingenuo coccolone onesto crudele

Dopo la visione giustifica le tue scelte (facendo eventualmente riferimento al libro di Ammaniti) e parlane con il tuo compagno.

4. Michele in relazione agli altri

In che modo Michele si rapporta agli altri? Se puoi, aiutati anche con il libro.

Il padre	La madre	Maria	Gli amici

5. Michele e Filippo

... la cosa che mi piace di più è il rapporto tra Michele e Filippo, nel film hanno la stessa età e ad un certo punto si dicono: "ma allora siamo uguali".

Commento di Gabriele Salvatores

Due bambini che non si conoscono e si incontrano in circostanze inusuali.
Prova a completare la tabella.

a. Cosa pensa Michele di Filippo e viceversa?
b. Descrivi le differenze e cosa li unisce.

Michele	Filippo

6. Gli sguardi ...
Durante la proiezione del film assistiamo ad un gioco di sguardi. Potresti trascrivere i momenti nella tabella?

Stato d'animo	*Quando?*
Paura	
Angoscia	
Rabbia	
Gioia	
Stupore	
Terrore	
Delusione	
Disperazione	
Soddisfazione	

7. I buoni e i cattivi
Nel film si possono facilmente identificare i buoni e i cattivi. Sapresti metterli nella colonna giusta?

Buoni

Cattivi

8. Geografia
Il film è ambientato ad Acqua Traverse, un paesino lucano. Il paesaggio è molto realistico ma allo stesso tempo potrebbe essere un qualsiasi posto. Scrivi cosa vedi ...

	*Case:*
	*Campi:*
	*Negozi:*
	*Giardini:*

9. La Natura e gli animali

La natura viene presentata come una natura nemica ...

Durante la proiezione del film osserva la natura e prendi nota degli animali che vedi:

....	....	....
....	....	....
....	....	....
....	....	....
....	....	....
....	....	....

10. Effetti Luce-Buio

Nel film c'è l'alternarsi di scene al buio e alla luce. Completa la tabella seguendo l'esempio:

LUCE	BUIO
I campi dove i bambini corrono.	

11. Due mondi a confronto

"I ragazzini stanno ricordandomi cose che mi ero dimenticato. Con loro devi avere le idee chiare, gli devi dire una cosa precisa, senti la responsabilità di persone che si affidano a te".

Commento di Gabriele Salvatores

Ci troviamo davanti a due mondi completamente diversi. In che modo interagiscono? E riescono a capirsi? Cosa riesci a dedurre da questo confronto?

Il mondo degli adulti	Il mondo dei bambini

12. La Musica

Nel film la musica gioca un ruolo fondamentale. Spesso si sostituisce a dialoghi, monologhi o accompagna scene dando loro un peso particolare. Mentre guardi il film, potresti prender nota dell'impatto della musica nella storia?

1. ....
2. ....
3. ....
4. ....
5. ....

Dopo la visione, insieme ad un compagno puoi evidenziare i momenti in cui la musica si sostituisce alle parole e gioca un ruolo così determinante?

Dopo la visione del film

Ricordi le prime immagini del film? Discutine con il tuo compagno. Ricordi che le prime immagini sono nel buio totale e si sente solo il picchiettio delle gocce d'acqua che cadono sulla roccia. Poi si vede una scritta, ricordi quale? All'improvviso tutto cambia, si passa ad immagini di luce, potresti descrivere la scena? Quali sono i primi personaggi che vediamo?

1. La Natura (il Sole)

Ogni elemento della natura viene presentato nel film e nel libro da un certo punto di vista. Scegli gli aggettivi adatti e trascrivili nella categoria giusta:

Aggettivi positivi	Aggettivi negativi

tiepido desolato torrido insopportabile soffocante accecante brillante luminoso immenso piacevole minaccioso inquietante assolato bollente giallo

2. Effetti Luce-Buio

Osserva la tabella completata durante la visione del film (se lo hai letto, tieni presente anche il libro) e discuti con il tuo compagno:

- Il film è un continuo altenarsi di buio, ombre e luce violenta, accecante (il sole accecante del giorno). Identifica alcune scene in cui la luce o l'ombra giocano un ruolo determinante e analizza lo stato d'animo connesso.

- Ci sono alcune scene dove la luce è più calda e soffusa. Sapresti dire quali?

3. Michele e Filippo

1. **Filippo** per sopravvivere si convince di essere morto e parla degli orsetti lavatori. Come puoi descrivere il suo atteggiamento?
2. **Michele** invece inventa una storia che racconta durante la notte ... sotto le lenzuola. Ti ricordi di cosa tratta?
3. Che tipo di rapporto nasce tra di loro?
4. Hai mai avuto un amico segreto o una storia tutta tua?

4. La famiglia

a) Il film presenta una famiglia italiana.

Quali sono i momenti più significativi della vita familiare che compaiono nel film?

1. ______________________
2. ______________________
3. ______________________
4. ______________________
5. ______________________

b) I valori della famiglia ...

Discuti con il tuo compagno i seguenti punti:

1. Secondo te, quali sono i momenti importanti per una famiglia?
2. Come dovrebbe essere la famiglia ideale?
3. Descrivi la tua famiglia.
4. Quali sono i valori di una famiglia tradizionale?
5. E pensi che siano presenti nella famiglia di Michele?
6. Quali pensi che siano le loro preoccupazioni?

c) Immagina le differenze tra le due famiglie.

Completa la tabella con il tuo compagno.

Famiglia Armitrano	*Famiglia Carducci*

5. Rapporti genitori-figli

Cosa dovrebbe fare un figlio per essere accettato da un genitore?

Parlane in gruppo e insieme scrivete delle frasi:

1. ....
2. ....
3. ....
4. ....

6. I giochi dei bambini

"Quello con il bambino nel buco diventa il più grande gioco possibile".
Commento di Gabriele Salvatores

1. Sapresti descrivere, anche con l'aiuto dell'insegnante, alcuni giochi per bambini?

Giochi	*Descrizione*
Campana	
Bandierina	
Uno, due, tre, stella	

2. Ricordi dei giochi che facevi da piccolo con i tuoi amici? Discuti con il tuo compagno.
3. Se possibile, leggi nel libro di Ammaniti la descrizione di due giochi (*Nascondino* pagina 84 e *Uno, due, tre, stella* pagina 106).

7. Il segreto di Michele

a) Discuti in gruppo i seguenti punti e prendi nota: Michele ha un segreto. Questo segreto lo rende diverso dagli altri. In che modo? Scrivi 5 frasi usando la frase modello: *Michele diventa sempre più ...*
b) Puoi tracciare i cambiamenti nel comportamento di Michele?
   - Perdita dell'innocenza
   - Consapevolezza della malvagità dei grandi
   - Il passaggio dall'infanzia all'età adulta
c) Cosa aiuta Michele ad affrontare tale passaggio? Quali sono gli elementi che lo aiutano a capire?
d) Anche tu da bambino avrai avuto dei piccoli segreti. Ti ricordi? Parlane con il tuo compagno.
e) Michele non giudica mai i suoi genitori, ha anche un atteggiamento pietoso nei confronti dei cattivi: se tu fossi stato al suo posto, avresti mai messo in discussione il comportamento degli adulti?

8. La Discussione ...

Dal libro ...

Il libro è scritto in prima persona. Se lo hai letto, sai dire che legame c'è tra il libro e il film? Se ci sono delle differenze, quali sono? Cosa ti è piaciuto di più?

"Ho difficoltà a scindere quello che penso di un film e di un libro. Vedo le storie che racconto per immagini, come un film cerebrale. Sulla carta è più evidente l'aspetto psicologico e intimista. Quando scrivo le mie storie sento che c'è un film. Il cinema è stato fondamentale, come la letteratura, anche se quest'ultima mi gratifica di più perché i libri si fanno con il lettore mentre il cinema ti fornisce tutto: facce, musica, luoghi. Se dovessi scegliere direi: salviamo i libri".

Commento di Niccolò Ammaniti

al film ...

1. Il film è tratto da una storia vera?
2. Pensi che il film sia riuscito a dare il giusto peso alla vicenda raccontata?
3. Quali sono le scene che compaiono solo nel film?
4. La fine del film, rispetto al libro, è leggermente diversa. Quale preferisci?
5. Scegli una parte del libro e immagina di essere il regista e cerca di metterla in scena.

9. Produzione scritta

La storia
È una storia raccontata attraverso gli occhi di un bambino. Ricostruisci la storia, usando la terza persona, scrivendo un articolo per un giornale, attraverso le informazioni date nel film e/o nel libro.

10. Dialoghi

Scegli uno dei dialoghi del film (se possibile leggilo anche nel libro) e spiegalo al tuo compagno con parole tue commentando se gli attori sono stati bravi a interpretarlo.

11. La lingua

Sia nel libro che nel film ci sono molte espressioni colloquiali. Unisci le espressioni date sotto con la spiegazione che ti sembra corretta.

1. Essere una schiappa	a. Afferrare e tirare qualcuno bruscamente
2. Piantarla	b. Prendere l'occasione al volo
3. Venire beccati	c. Scappare velocemente
4. Schizzare via	d. Smettere di fare o dire qualcosa
5. Tuffarsi a pesce	e. Piagnucolare
6. Strattonare	f. Non essere bravo nel fare una cosa
7. Spiaccicarsi	g. Venire scoperti
8. Frignare	h. Andare contro qualcosa con violenza

12. Gli sguardi ...

Durante la proiezione del film hai compilato la tabella sugli sguardi e gli stati d'animo. Adesso trasforma i nomi in aggettivi e scrivi delle frasi:
Es. **Ansia** - Michele era ***ansioso di ...***

Paura - ....
Angoscia - ....
Rabbia - ....
Felicità - ....
Stupore - ....
Terrore - ....
Delusione - ....
Disperazione - ....
Soddisfazione - ....

13. Scegli le definizioni più corrette.

a. È un film sulla fatica di crescere. ☐
b. È un horror rurale. ☐
c. È un film sulla famiglia italiana. ☐
d. È un film sul rapporto tra bambini e adulti. ☐
e. È una denuncia della povertà del Sud. ☐
f. È un film sugli anni Settanta. ☐
g. È un film sul rapporto tra genitori e figli. ☐
h. È la storia di ricordi d'infanzia. ☐

ATTIVITÀ EXTRA

1. Osserva le fotografie e discuti con i compagni.

2. La televisione

Durante il film viene trasmesso il telegiornale. A parte il telegiornale, quali sono i programmi più seguiti dai ragazzi?
Vediamo se sai spiegare, in italiano, questi programmi televisivi. Abbina i generi televisivi ai titoli di alcuni noti programmi italiani.
Se vuoi, puoi aggiungerne degli altri...

1. Documentario: scienza e natura
2. Telefilm
3. Viaggi e avventura
4. Gioco a quiz
5. Varietà
6. Telegiornale
7. Attualità

a. *Alle Falde del Kilimangiaro*
b. *La vita in diretta*
c. *TG Notte*
d. *Chi vuol essere milionario*
e. *Festival di Sanremo*
f. *Il mondo di Quark*
g. *Il Commissario Montalbano*

3. Spunti per ulteriori ricerche

Il film e il libro sono ambientati alla fine degli anni '70, i famosi "anni di piombo". Fai su Internet una ricerca su questi anni (il periodo dei rapimenti, il rapimento di Aldo Moro e il suo assassinio, le Brigate Rosse ...)

Scheda del film

Titolo:	Il ladro di bambini
Anno di produzione:	1992
Regia:	Gianni Amelio
Interpreti principali:	Enrico Lo Verso (Antonio), Giuseppe Ieracitano (Luciano), Valentina Scalici (Rosetta)
Sceneggiatura:	Gianni Amelio, Sandro Petraglia, Stefano Rulli
Musiche:	Franco Piersanti
Fotografia:	Tonino Nardi, Renato Tafuri
Montaggio:	Simona Paggi
Durata:	110 minuti circa
Genere:	Drammatico
Lingua:	Italiano standard, variante regionale calabrese/siciliano

Prima della visione del film

Motivazione

1. Lavorate in coppia. Uno di voi fa il giornalista e intervista, usando le informazioni riportate qui sotto, l'altro che interpreta Gianni Amelio.

Cenni biografici su Gianni Amelio

Nato in provincia di Cosenza nello stesso giorno e mese di Federico Fellini (20 gennaio 1945), **Gianni Amelio** ha sempre portato nel cuore e poi abilmente trasformato in chiave cinematografica l'amore per la sua terra, vista come un insieme di forti emozioni, affetti sinceri, nostalgia e malinconia da una parte e problemi sociali ed economici che l'affliggono dall'altra. Gli alti contenuti sociali dei suoi film insieme a una ricerca meticolosa di personaggi veri (i due bambini in *Il ladro di bambini*, per esempio, sono attori non professionisti alla loro prima esperienza, così come il bambino disabile protagonista ne *Le chiavi di casa* è un vero portatore di handicap), gli hanno valso l'appellativo di erede del Neorealismo.
Basti guardare alla sua filmografia per rendersene conto. Per citare alcuni dei suoi film: *Colpire al cuore* (1982), un film sul terrorismo e gli anni di piombo; *Lamerica* (1994) è sul miraggio italiano degli emigrati albanesi; *Così ridevano* (1998) sulla storia di due fratelli emigrati a Nord negli anni '50 e sulla loro difficoltà di adattamento; *Le chiavi di casa* (2004), una nomination come migliore film straniero, sui rapporti tra un figlio disabile e un padre che piano piano viene "educato" a capire la sua condizione. Anche il film *La stella che non c'è* (2006) riprende il tema dell'emigrazione.

2. Glossario. Abbina i termini di sinistra alle definizioni date alla rinfusa a destra.

1. minore	a. chi non ha ancora compiuto diciotto anni
2. istituto	b. usare violenza
3. carabiniere	c. rapimento di persona, spesso a fini di estorsione
4. abusare	d. ente pubblico o privato (orfanotrofio)
5. abusivismo	e. militare con funzioni di polizia e controllo
6. sequestro	f. costruzione illegale di edifici

3. Guarda solo la primissima scena, subito prima dell'apparizione del titolo del film, ed esegui le seguenti attività.

a. Riempi la griglia con le prime impressioni positive e negative suscitate dalla scena.

	Impressioni positive	*Impressioni negative*
I luoghi (l'appartamento, il quartiere...)		
La madre		
Il bambino		
La bambina		
La scena in generale		

b. Hai annotato più impressioni positive o negative? Perché?
c. Spiega la situazione economico-sociale di questo nucleo familiare. Secondo te, questa giustifica l'azione della madre verso la figlia?
d. Dove ci troviamo? Al Nord, al centro o al Sud d'Italia? Giustifica la tua risposta.

4. Scegli tra le seguenti parole quelle che descrivono meglio la scena nel complesso.

benessere	squallore	periferia	unione
abuso	carabinieri	dialogo	rapporto
paura	amore	adulto	prostituzione
materno	minorenne	condominio	giochi
rispetto	degrado	sfruttamento	pedofilia
quartiere	ordine	violenza	cura

5. Cerca di prevedere cosa succederà a questo punto.

Durante la visione del film

Leggi le attività proposte e durante la visione del film completa le tabelle seguenti.

1. I personaggi principali

	Nome	*Ruolo nel film*	*Descrizione fisica*
	Antonio		
	Rosetta		
	Luciano		

2. I luoghi

città/regioni percorse	*riprese esterne*	*riprese interne*

3. Aspetti cinematografici

uso della luce	*sonoro/musiche*	*scene di un particolare interesse*
Gioco di ombre e penombre, uso di colori "sporchi" per sottolineare la bruttezza e la freddezza di alcuni posti.		

4. In molte scene si vede/intravede un televisore. Annota dove appare e dopo la visione spiega qual è la sua funzione nel film.

5. La religione nel film è presente? Come? Che funzione ha?

Dopo la visione del film

1. Riordina la trama del film, data qui di seguito alla rinfusa.

1. I due fratelli, Rosetta e Luciano, vengono affidati a due carabinieri per condurli in un istituto a Civitavecchia. Ma solo uno, Antonio, rimane in loro custodia, dopo che il collega lo abbandona a Bologna.
2. Ma, durante un banchetto, riconoscono la bambina da una foto su un giornale e Antonio è costretto a riprendere il viaggio verso la Sicilia.
3. Qui li aspetta un'amara sorpresa: Antonio viene addirittura accusato di sequestro di persona per non avere portato immediatamente i bambini all'istituto.
4. Una famiglia di origine meridionale, che vive al Nord, viene smembrata dopo l'arresto della madre che spingeva la figlia minorenne alla prostituzione.
5. Una volta arrivati a Civitavecchia, per cavilli burocratici, il direttore dell'istituto si rifiuta di prendere i bambini (in realtà non vuole la bambina), così ad Antonio spetta di portarli in un altro istituto in Sicilia, loro terra di origine.
6. Arrivati in Sicilia, dopo un breve intermezzo dove sembra le cose vadano meglio, a causa di uno scippo di una macchina fotografica, vanno a finire tutti al commissariato.
7. Durante il viaggio verso il Sud, Antonio decide di fermarsi al suo paese in Calabria, un po' perché è stanco e un po' per rivedere la sua famiglia che non vede da due anni.
8. Nel finale amaro, nonostante il buon rapporto che finalmente si è venuto a creare fra i tre, ad Antonio non resta che ubbidire agli ordini e consegnare i due fratelli al loro destino.

La sequenza giusta è: __ - __ - __ - __ - __ - __ - __ - __

Analisi

2. I personaggi

2a. I personaggi principali. Dopo aver riempito durante la visione del film la griglia sui personaggi, completa adesso la colonna del carattere usando gli aggettivi dati qui sotto, decidendo a chi si addicono di più.

Nome	Ruolo nel film	Descrizione fisica	Carattere
 *Antonio*			
 *Rosetta*			
 *Luciano*			

premuroso	ribelle	generoso	taciturno	responsabile
spaventato	riservato	diffidente	sfacciato	maturo
premuroso	osservatore	arrabbiato	sensibile	indipendente
timido	umano	silenzioso	orgoglioso	gentile

2b. Il tema del viaggio, caro ad Amelio e presente in molti dei suoi film come scoperta di sé e degli altri, ci presenta e fa evolvere i tre personaggi principali. Discuti col tuo compagno.

Antonio
- Che tipo è Antonio? Che rapporto c'è tra Antonio l'uomo e Antonio il carabiniere?
- Che cos'ha in comune con i bambini?
- Che cos'ha in comune il personaggio Antonio con il regista Amelio?

Rosetta
- È sicuramente il personaggio più complesso. Una delicata mescolanza di donna, suo malgrado, e bambina. Dove puoi cogliere nel film questi aspetti contrastanti?
- Che rapporto ha con il fratellino? Cambia alla fine? Perché?
- Come si rapporta con gli altri?

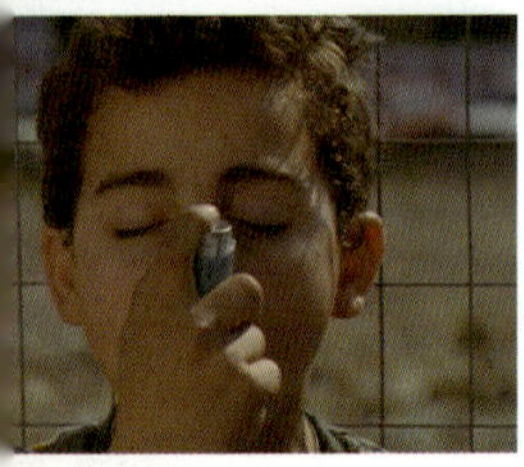

Luciano
- Luciano è un "ometto" del sud. Dovrebbe sostituire, secondo la mentalità meridionale, il padre assente. Come si sente a causa della situazione di sua sorella?
- Luciano è un bambino asmatico. Quali cause può avere secondo te questa malattia?
- Perché e quando cambia idea nei riguardi di Antonio e finalmente si apre a lui?
- Secondo te, che cosa vede in Antonio?

2c. I personaggi minori. Che tipo di personaggi minori si incontrano durante il lungo viaggio? Che funzione hanno? Abbina i vari personaggi agli aggettivi di destra, rispettando la concordanza grammaticale.

1. un collega carabiniere	a. disinteressati
2. un direttore d'istituto	b. impicciona
3. dei carabinieri	c. stanca
4. una sorella	d. straniere
5. un'invitata	e. burocratico
6. una nonna	f. premurosa
7. due turiste	g. imboscato
8. un maresciallo	h. inquisitore

- Secondo te, qual è il personaggio più vulnerabile?
- Cosa pensi sia successo al padre di Rosetta e Luciano?
- Qual è il tuo personaggio preferito (anche fra i minori) e perché?

3. I luoghi

3a. Ripercorri il viaggio di Antonio, Luciano e Rosetta, consultando una mappa dell'Italia, e annota i principali mezzi di trasporto usati.

Attività di estensione: Preferisco viaggiare in Italia/all'estero con il treno perché...

3b. Interni ed esterni. Trova di seguito alcuni degli interni e degli esterni ripresi nel film in ordine di apparizione. Abbina luoghi e definizioni rispettando la concordanza.

1. una cucina	a. soleggiata
2. un condominio	b. affollato
3. dei corridoi	c. degradato
4. un istituto	d. intimidatorio
5. un ristorante	e. squallida
6. delle costruzioni	f. abusive
7. una spiaggia	g. triste
8. un comando di carabinieri	h. lunghi e bui

3c. La Sicilia. Riempi le seguenti tabelle e commenta poi i risultati.

Scena sulla spiaggia
- La luce/i colori
- Azioni dei personaggi
- Umore dei personaggi

Scena nella città (Noto)
- Azioni dei personaggi
- Umore dei personaggi
- Incidente e conseguenze

Ultima scena
- La luce/i colori
- Azioni dei personaggi
- Umore dei personaggi

3d. Il Sud. Riempi le due griglie con gli aspetti positivi e negativi del Sud d'Italia.

- Il viaggio attraverso l'Italia è un viaggio di scoperta interiore ma anche di presentazione del paesaggio e della condizione sociale. Amelio ci presenta un'Italia che è un miscuglio di benessere e sfascio totale. Sai citare qualche esempio tratto dal film?

- Considera la primissima scena nel lontano Nord a Milano e l'ultima nel profondo Sud in Sicilia. I due luoghi sono poi così diversi? Perché?

4. La lingua

Il film è parlato prevalentemente in italiano standard con un forte accento meridionale e, in parte, in dialetto calabrese e siciliano. Cerca di abbinare le espressioni dialettali alla traduzione in italiano standard.

1. addivintasti fimmina?	a. sei sciupato (dimagrito), devi mangiare
2. pigghiati sti milli liri	b. sono due anni che non lo vedo
3. i sordi l'ha teniri iu	c. sei diventato femmina?
4. avi du anni cunnu viu	d. i soldi li devo tenere io
5. unni misi sciucamani?	e. che dobbiamo fare Antonio?
6. sugnu stanca sugnu	f. prenditi queste mille lire
7. si sciupatu, a manciari	g. sono stanca sono
8. camma fari Antoniu?	h. dove ho messo gli asciugamani?

5. Produzione scritta

Continua la storia di Rosetta e Luciano da una parte e di Antonio dall'altra.

ATTIVITÀ EXTRA

Ulteriori spunti per la discussione e la ricerca

- L'abuso sui minori e i diritti internazionali dei bambini (portare in classe articoli tratti da diversi giornali italiani per discuterne).
- Il film è un esempio di neorealismo moderno. Parlare del neorealismo come movimento cinematografico e paragonare *Ladro di bambini* con il film *Ladro di biciclette* di Vittorio De Sica a cui il titolo del film chiaramente si ispira.
- Partendo dalla considerazione che sia la famiglia di Rosetta e Luciano che Antonio provengono dal Sud ma vivono o lavorano a Milano, approfondire il tema sull'emigrazione dal Sud al Nord d'Italia.
- Differenza geografica, storica, economica e culturale tra Nord e Sud d'Italia.

Chiavi degli esercizi: Io non ho paura

Prima della visione del film

Niccolò Ammaniti: 1. Ha scritto anche saggi; **2.** Dalla prima stesura della sua tesi di laurea in biologia; **3.** Sì, sono tradotti in molte lingue; **4.** Ha fatto molte presentazioni del suo libro, interviste radiofoniche e televisive e lezioni di scrittura nelle scuole; **5.** Il premio letterario di Viareggio

Gabriele Salvatores: 1. In teatro; **2.** L'amicizia tra ragazzi, il viaggio come fuga dalla realtà, la solidarietà; **3.** Sì. *Mediterraneo*, *Io non ho paura*, *Quo Vadis Baby?*; **4.** Perché è un giallo, tocca nuovi argomenti ed è tratto da un libro; **5.** Il film *Quo Vadis Baby?* è il primo che ha come protagonista una donna

Durante la visione del film

1. a. Io non ho paura; **b.** La musica ha un ritmo sempre più veloce, si vedono campi d'un giallo intenso, un sole accecante e bambini che correndo sbucano da tutte le parti; **c.** I bambini; **d.** Sei; **e.** Fanno una gara e corrono verso la cima del colle, verso una casa diroccata; **f.** Hanno circa nove anni; **g.** Il Teschio ha 12 anni, è il bambino piú grande ed è il capo del gruppo; **h.** Michele Amitrano, Maria Amitrano, Antonio Natale, Salvatore Scardaccione, Barbara Mura

2. i bambini ...

Michele: Di media statura. Ha i capelli castani, mossi. Forte e coraggioso, ma anche molto sensibile ed altruista; **Maria:** La più piccola, ha 5 anni. Ha i capelli castani, lunghi e lisci, spesso legati. Porta degli occhiali enormi, bianchi; **Antonio:** Il più grande, ha 12 anni. Lo chiamano Il Teschio. Ha la testa rasata e un fare da strafottente. È il capo, è crudele, spietato e smaliziato; **Salvatore:** Alto, magro con un viso lungo. Solitario, taciturno e malinconico; **Barbara:** Cicciona, bassa e piuttosto imbranata. Capelli lunghi con le trecce

... e gli adulti

Italo: Padre di Felice e del Teschio; **Pino:** Media statura, folti capelli castani e corti, basette lunghe e baffi. Non molto robusto. Fuma. È un perdente, una vittima, un antieroe. Cerca di esercitare la sua autorità di padre e marito. Affettuoso, buono, sfortunato; **Anna:** Alta, magra, capelli castani lunghi e mossi. Affettuosa, paziente e comprensiva. Difende i suoi figli; **Felice:** Ha 20 anni. Magro, alto con la testa rasata, veste abbigliamento militare. Insicuro, frustrato, aggressivo e violento; **Sergio:** Anziano, 67 anni, milanese, capelli brizzolati e ricci, pizzetto e baffi. Porta gli occhiali, fuma. Molto sciatto, dà l'impressione di essere una persona marcia dentro e fuori. È volgare: usa molte parolacce e dà del deficiente a tutti; **Melichetti:** Ha capelli corti e radi. Sdentato, grasso, basso e sempre a petto nudo. Porta il collare ortopedico. Sguaiato, urla minaccioso

3. Michele: sensibile, curioso, coraggioso, altruista, generoso, ingenuo, coccolone, onesto

4. Il padre: rispettoso, timoroso, leale, crede che sia l'uomo nero (pagina 92 del libro di Ammaniti), fiducia cieca; **La madre:** affettuoso, capriccioso, testardo, disubbidiente, solidale; **Maria:** protettivo, tollerante, comprensivo, si prende cura di lei, paziente; **Gli amici:** sicuro di sé, coraggioso, strano, taciturno, misterioso

5. Michele: è un bambino del sud; ha capelli e occhi castani; appartiene ad una famiglia operaia e povera; è robusto e forte; frequenta la quinta elementare; il bambino è suo, gli appartiene (pagina 34); crede che sia morto (pagina 52), crede che sia un mostro, il lupo mannaro (pagina 53); pensa che sia suo fratello

Filippo: è un bambino del nord (Pavia); ha capelli biondi e occhi azzurri; appartiene ad una famiglia benestante di professionisti; è basso, gracile e debole; frequenta la quinta elementare; pensa che Michele sia l'angelo custode

6. Gli sguardi ...

Paura: Filippo nomina gli orsetti lavatori e chiede a Michele se è l'angelo custode; **Angoscia:** Michele non riesce ad aiutare Filippo a scappare; **Rabbia:** Michele si rende conto di dover mantenere la promessa con suo padre e quindi non può andare alla casa abbandonata; Filippo non reagisce e non si alza in piedi; **Felicità:** Michele e Filippo escono all'aria aperta e si rotolano nel grano; **Stupore:** Sentire le notizie al telegiornale e capire che gli adulti sanno; **Terrore:** La vista del piede di Filippo; **Delusione:** Il tradimento di Salvatore; **Disperazione:** La scoperta che Filippo non è più nel buco; **Soddisfazione:** Filippo mangia il pane con gusto

7. Buoni: mamma, Michele, Barbara, papà; **Cattivi:** Sergio, Michemichele, Teschio, Felice, Salvatore

8. Case: povere, non finite di costruire, desolate. La casa diroccata e abbandonata è chiusa da uno steccato di legno con un lucchetto; **Campi:** recintati con il filo spinato. Campi coltivati, con il grano alto, e campi arati; **Negozi:** non ci sono negozi ma solo una specie di negozio con poche cose sugli scaffali e il quale dà la sensazione di essere poco curato e poco fornito; **Giardini:** non si vedono giardini, solo campi aperti, non c'è una natura curata dall'uomo

9. Animali: corvi, formiche, maiali, gallina sgozzata e impalata, ragni pelosi, teschi di mucca, cagnetto rognoso e pulcioso, pipistrelli, porcospino, civetta, cavallette, grilli, api, vespe, pulci, zecche, rana, serpente

10. Luce: I campi dove i bambini corrono; Il paese di giorno; I bambini giocano sempre all'aperto, di giorno; Il mondo dei bambini è sempre alla luce; **Buio:** Il buco; Il paese di notte; Gli adulti si incontrano sempre al buio, di sera; Il mondo degli adulti è sempre al buio

11. Il mondo degli adulti: Si incontrano spesso in ambienti chiusi; Urlano e bisticciano; Sembrano non capirsi; Sembrano ridicoli e grotteschi; Non si fidano tra di loro; Sergio è molto volgare e insulta tutti; **Il mondo dei bambini:** Sono sempre all'aperto; Sono molto crudeli tra di loro; Hanno un senso di giustizia e gerarchia molto forte; Tradiscono e perdonano; Mostrano rispetto e fiducia verso gli adulti; Sanno mantenere le promesse

12. La musica: 1. È sempre presente quando i bambini sono all'aria aperta. Accompagna sempre Michele, o i bambini, nel tragitto dalla casa abbandonata al paese, con ritmi diversi a seconda dello stato d'animo; **2.** La musica spesso esprime lo stato d'animo di Michele; **3.** Evidenzia tutti i momenti di incertezza e pericolo e cresce con l'aumentare del pericolo, ad esempio quando Michele è in bicicletta ed arriva la Fiat 127 di Felice; **4.** Accompagna la gioia di Michele e Filippo che sono all'aria aperta e giocano nel grano; **5.** Esprime anche il clima: l'aria fresca dell'alba, il temporale, il caldo torrido

Dopo la visione del film

1. Aggettivi positivi: tiepido, brillante, luminoso, piacevole, giallo; **Aggettivi negativi:** torrido, insopportabile, soffocante, bollente, accecante

2. 3. Risposta libera

4. a) 1. Quando il padre torna da un viaggio di lavoro e porta il regalo ai figli; **2.** Quando Michele apparecchia e l'intera famiglia cena insieme; **3.** Quando la mamma stende i panni e discute con il figlio; **4.** Quando il papà si ferma a chiacchierare con Michele e gli promette che lo porterà al mare; **5.** Quando la mamma prepara la torta e i bambini fanno la colazione; **b)** Risposta libera; **c) Famiglia Armitrano:** Sono del Sud; Il papà è un camionista; La mamma è poco curata e si occupa della casa; Sono poveri; Abitano in una casa molto modesta; Non hanno una macchina; Passano le vacanze estive a casa; **Famiglia Carducci:** Sono del Nord; Il papà è un professionista; La mamma è curata e ha la servitù in casa; Sono benestanti; Abitano in una casa ricca ed elegante; Hanno una o forse due macchine; In estate per le vacanze vanno al mare e in montagna

5. 6. 7. 8. 9. 10. Risposta libera

11. 1. f, 2. d, 3. g, 4. c, 5. b, 6. a, 7. h, 8. e

12. Gli sguardi ...

Paura: Michele è impaurito dai discorsi di Filippo; **Angoscia:** Michele